JOANA GIMBUTYTE

Corn Dogs

TRENDIGES STREETFOOD IN 40 VARIANTEN

LEOPOLD STOCKER VERLAG
GRAZ - STUTTGART

Umschlaggestaltung:
DSR Werbeagentur Rypka GmbH, 8143 Dobl/Graz, www.rypka.at

Fotos: Claudia Plattner

Bibliografische Information der Deutschen Nationalbibliothek
Die Deutsche Nationalbibliothek verzeichnet diese Publikation in der Deutschen Nationalbibliografie; detaillierte bibliografische Daten sind im Internet unter http://dnb.d-nb.de abrufbar.

Hinweis: Dieses Buch wurde auf chlorfrei gebleichtem Papier gedruckt. Die zum Schutz vor Verschmutzung verwendete Einschweißfolie ist aus Polyethylen chlor- und schwefelfrei hergestellt. Diese umweltfreundliche Folie verhält sich grundwasserneutral, ist voll recyclingfähig und verbrennt in Müllverbrennungsanlagen völlig ungiftig.

Auf Wunsch senden wir Ihnen gerne kostenlos unser Verlagsverzeichnis zu:
Leopold Stocker Verlag GmbH
Hofgasse 5/Postfach 438
A-8011 Graz
Tel.: +43 (0)316/82 16 36
Fax: +43 (0)316/83 56 12
E-Mail: stocker-verlag@stocker-verlag.com
www.stocker-verlag.com

ISBN 978-3-7020-1965-5

Layout und Repro: DSR Werbeagentur Rypka GmbH, 8143 Dobl/Graz

Inhalt

4 Glossar

5 Vorwort

6 EINLEITUNG CORN DOGS UND IHRE VARIATIONEN

6 Herkunft und Bezeichnung

6 Einfach selber machen

6 Benötigtes Zubehör

10 Das aufgespießte Innenleben

12 Des Würstchens neue Kleider: Teigvariationen

18 REZEPTTEIL CORN DOGS, SAUCEN, SALATE UND MEHR

18 Chutneys, Salate, Dips

20 Klassische Corn Dogs

20 Tomatenketchup selbst gemacht

22 „Essiggurken-Corn Dogs“ im Maisteig

22 „Ćevapčići Dogs“ im Paprikateig

24 „Faschierte Dogs“ im Kürbisteig

26 Rindfleischwürstchen im Maisgrießteig

26 Mayonnaise

28 Meeresfrüchte im Sauerrahmteig

28 Mango-Chutney

30 Hühnerbruststreifen im Parmesanteig

30 „Pilz Dogs“ in knuspriger Nudel-Hülle

32 „Chorizo Dogs“ im Vollkornteig

32 Schafskäsesticks im Frühlingsrollenteig

34 „Ciabatta Dogs“

34 Kürbis-Chutney

36 Wurstscheiben-Lollis im Maisgrießteig

36 Tomaten-Zimt-Chutney

38 Vegane Corn Dogs

38 Gemüsespieße im Dinkel-Estragon-Teig

40 „Nürnberger Dogs“ im Zwiebelteig

40 „Debreziner Dogs“ im Amarantteig

42 Corn Dogs mit Knuspergrammeln

42 Maisgrieß-Corn Dogs

44 „Bratwurst Dogs“ im Reisteig

44 „Blutwurst Dogs“ im Kartoffelteig

46 „Halloumi Dogs“ im Buchweizenteig

46 Zwiebel-Apfel-Chutney

48 „Mozzarella Dogs“ im Semmelbröselteig

48 Zucchini-Chutney

50 Veggie-Corn Dogs

50 Apfel-Tomaten-Salat

52 Fischwürstchen im Backteig
52 Barbecuesauce
54 Garnelenspieße im Erdnussbackteig
54 Cocktailsauce
56 „Sushi Dogs“
56 Würzige Sojasauce
58 „Kor Dogs“ (Koreanische Corn Dogs)
58 Zwiebel-Gurken-Senf
60 „Surimi Dogs“ mit Kataifiteig
60 „Tofu Dogs“ im Wasabiteig
62 Putenfrankfurter im Topfenteig mit Reisflocken
62 Chiliwürstchen im Kichererbsenteig
64 „Fisch Dogs“ im Buttermilchteig
64 Coleslaw
66 „Lollipop-Corn Dogs“
66 Erbsenschoten-Mango-Salat
68 „Bratwurst Dogs“ im Kürbiskernteig
68 „Käsekrainer Dogs“ im Teigmantel
70 „Weißwurst Dogs“ im Laugenteig
70 Krautsalat
72 „Pizza Dogs“ aus dem Backofen
72 Avocadosalat mit Kräuterseitlingen
74 „Kaiser Dogs“ im Schmarrenteig
74 Zwetschkenröster
76 Schokotropfen im Waffelteig
76 Physalis am Spieß im Weißweinteig
78 „Obst Dogs“ im Dinkelteig

GLOSSAR

Brösel	Krümel
Eidotter	Eigelb
Eiklar	Eiweiß
Faschiertes	Hackfleisch
Frankfurter	Wiener Würstchen
Grammeln	Grieben
Kataifiteig	aus dünnen Teigfäden bestehender Teig griechischen Ursprungs
Obers	Sahne
Sauerrahm	saure Sahne
Semmelbrösel	Paniermehl
Semmelwürfel	Knödelbrot
Surimi	feste Masse (in Form von Sticks) aus zerkleinertem Fisch
Wakame	marinierte Meeresalgen
Zwetschken	Pflaumen

Vorwort

…sprichwörtlich „in aller Munde", doch zu diesem Thema gibt es noch kein einziges Buch! Deshalb war schnell entschieden, das erste deutschsprachige Corn Dogs-Kochbuch zu machen. Beim Original

…n
…e Würstchen,
…frittiert werden.

…Variationsmöglichkeiten
…tig, wenn man erst einmal
…achzudenken.

…h verschiedenste Zutaten
…abgewandelt werden.
…uch für die „Fülle". Neben
…n oder selbst gemachten
…ich eigentlich alles, was
…kann, als „Dog"-Ersatz.
…onen kann man z. B. Obst
…- oder anderen süßen
…tieren.

…zeptbeispielen im Buch
…künftige Lieblingsrezep-
…en Sie nach Belieben
…wandeln Sie diese nach
…mack ab. Ich wünsche
Ihnen viel Freude und gutes Gelingen!

Ihre

Joana Gimbutyte

Einleitung

Corn Dogs und ihre Variationen

Corn Dogs sind in Amerika, Australien und Asien schon lange bekannt und beliebt und zählen seit kurzem auch in Österreich und Deutschland zu den absoluten Rennern in Sachen Streetfood. Warteschlangen vor Lokalen, die diese moderne Variante von teigummantelten Würstchen anbieten, zeugen von der Beliebtheit des neuen Trendsetters.

HERKUNFT UND BEZEICHNUNG

Ursprünglich stammen die Corn Dogs (wortwörtlich übersetzt: „Maishunde") wie so viele andere beliebte Fast-Food-Klassiker aus Amerika. Die Bezeichnung ist an Hot Dogs angelehnt. Weil sich die Würstchen aber nicht in bereits gebackenen Brötchen verstecken, sondern in einen dickflüssigen Maisteig (Mais = engl. corn) getaucht werden, ist diese „Corn"-Hülle namensgebend. Die Rezepte im Buch heißen dementsprechend nur dann „Corn Dogs", wenn es sich bei der Teighülle tatsächlich um einen Maisteig handelt.

EINFACH SELBER MACHEN

Wie einfach Corn Dogs selbst zubereitet werden können, beweisen die Rezepte ab S. 20. Vorab wird hier das einfache Prinzip erklärt und anhand einiger Fotos anschaulich dargestellt.
Ein Würstchen wird auf einen Holzspieß gesteckt, in einen dickflüssigen Teig getaucht und in heißem Öl frittiert. An Zutaten benötigt man nicht viel mehr als eine beliebige aufspießbare „Fülle" (z. B. Würstchen, Fisch, Gemüse, Obst etc.) sowie die „Hülle", also einen zähflüssigen Teig, in den die aufgespießten Köstlichkeiten getunkt werden. „Hülle" und „Fülle" werden ab S. 10 genauer beschrieben.

BENÖTIGTES ZUBEHÖR

Die Küchenhelferlein, die für die Zubereitung von Corn Dogs gebraucht werden, sind überschaubar und in jedem Haushalt vorhanden bzw. überall leicht erhältlich.

HOLZSSPIESSE

Am besten eignen sich zum Aufspießen von Würstchen & Co einfache Holzspieße mit einer Länge von mindestens 15–20 cm. Die Holzspieße sollten auf einer Seite spitz zulaufen, damit das Aufspießen leichter geht.

Auch dünne Metallspieße können verwendet werden, jedoch ist Vorsicht geboten: Sie erhitzen sich beim Ausbacken stark und kühlen nicht sofort wieder ab!
Außerdem können Zitronengrasstängel als Spieße verwendet werden.

HELFERLEIN FÜR DIE TEIGBEREITUNG

Der Teig wird am besten in einer Schüssel mit einem Schneebesen oder mit dem Handmixer verrührt. Anschließend wird er in ein hohes, schmales Gefäß umgefüllt, damit man die aufgespießte „Fülle" auch gut in ihrer gesamten Länge in die „Hülle" eintauchen kann.

TOPF ZUM FRITTIEREN BZW. FRITTEUSE

Der Topf, in dem das Öl oder das Fett zum Frittieren erhitzt wird, muss vom Durchmesser her so groß sein, dass die Spieße liegend darin Platz haben. Geeignet ist auch eine große, mindestens 8 cm hohe Pfanne. Wer eine Fritteuse besitzt, kann natürlich diese zum Ausbacken der Corn Dogs verwenden.

KÜCHENZANGE & ABTROPFMÖGLICHKEIT

Um die goldbraun gebackenen Corn Dogs aus dem heißen Fett zu nehmen, ist unbedingt eine Küchenzange nötig!

Nach dem Frittieren werden die Corn Dogs auf Küchenpapier oder auf ein Kuchengitter gelegt, wo sie gut abtropfen können. Küchenpapier ist zu bevorzugen, weil dieses mehr Fett aufsaugt.

CORN DOG MAKER

Corn Dogs müssen nicht unbedingt in Fett ausgebacken werden – es gibt im Haushaltswaren-Fachhandel und online auch sogenannte „Corn Dog Maker". Diese vereinfachen die Herstellung der in Teig getunkten Köstlichkeiten enorm: Die Geräte erinnern an Waffeleisen, sie haben etwa 12 cm lange, 3 cm breite ovale Vertiefungen (also in Form eines Würstchens). Nach dem Erhitzen des Corn Dog Makers werden die Vertiefungen mit Öl eingepinselt.

Der Teig wird am besten mithilfe eines Dressiersacks in die Vertiefungen portioniert, und die aufgespießten Würstchen & Co werden darin gewälzt (siehe Fotos rechts unten und auf S. 27 unten Mitte), bevor das Gerät geschlossen wird.

In einem Corn Dog Maker kann man, falls gewünscht, auch nur die Teige ohne „Fülle" backen. Oder man mischt die Fülle ganz einfach klein geschnitten unter den Teig (siehe z. B. Rezepte auf S. 28 bzw. S. 76). Die Spieße werden in diesem Fall einfach vor dem Schließen des Corn Dog Makers in die Teigmasse gelegt.

Wacholder
Beeren

DAS AUFGESPIESSTE INNENLEBEN

Es muss nicht unbedingt ein Würstchen sein, das aufgespießt und teigummantelt frittiert wird – die „Fülle" ist durchaus wandlungsfähig: Eigentlich eignet sich alles, was man auf die erforderliche Größe bzw. in mundgerechte Stücke zurechtschneiden und aufspießen kann.

WÜRSTCHEN

Aufgespießte Würstchen in jeglicher Geschmacksrichtung und Machart sind sozusagen das „Basisprodukt" für Corn Dogs. Wichtig ist, dass sie nicht zu groß sind – optimal ist eine Länge von etwa 10 cm und ein Durchmesser von etwa 3 cm (bzw. ein Stückgewicht von ca. 35 g). Ansonsten sind dem persönlichen Geschmack keine Grenzen gesetzt. Ob Frankfurter (Wiener Würstchen), Rostbratwürstchen, Weißwürstchen, vegane Würstchen, Würstchen aus Puten- oder Hühnerfleisch, mit Kräutern verfeinerte Würstchen, Chorizowürstchen, Debreziner oder gar Blutwürstchen – wenn es sie nicht in Mini-Variante gibt, werden lange dünne Würstchen einfach in zwei Stücke geschnitten, dickere Würste werden zuerst der Länge nach halbiert und dann in beliebig lange Stücke geschnitten.

Die Würstchen können pur oder abwechselnd mit Mozzarella- oder Gemüsestücken aufgespießt werden.

FLEISCH, FISCH, MEERESFRÜCHTE & CO

Als Alternative schmecken selbst gemachte „Würstchen" aus Faschiertem einfach köstlich (Rezepte siehe S. 24 und 26).

Auch Fischfilets, in gut daumendicke und 10 cm lange Stücke geschnitten, oder Meeresfrüchte können gut aufgespießt und in Teig getunkt werden. Und eine selbst gemachte Fischfarce (siehe Rezept S. 52) wird alle Fischliebhaber begeistern.

VEGETARISCHES

Ein perfekter Ersatz für Würstchen sind zurechtgeschnittene Gemüsestücke wie z. B. Kürbis, Zucchini, Melanzani usw. Auch Pilze wie Champignons, Steinpilze oder Kräuterseitlinge werden in längliche oder mundgerechte Stücke geschnitten und ergeben herrliche vegetarische „Dogs".

SÜSSES

Alle Schleckermäulchen werden sich freuen: Aus Obst, Schokolade- oder Marzipanstücken in Kombination mit süßen Teigen finden sich ab S. 74 einige Beispielrezepte. Aber auch hier sind dem eigenen Einfallsreichtum keine Grenzen gesetzt.

DES WÜRSTCHENS NEUE KLEIDER: TEIGVARIATIONEN

Das Wichtigste am neuen Trendfood ist natürlich die Teighülle. Und gerade diese ist überaus wandelbar, wie die Rezepte ab S. 20 beweisen. Die Hülle aus Maisteig kann jederzeit durch verschiedenste andere Teige ersetzt werden, wie z. B. durch einen einfachen, dicken Tropfteig aus Weizenmehl, Eiern, Backpulver, Milch und Gewürzen.

GRUNDZUTATEN

Der zähflüssige Teig zum Eintunken besteht aus Flüssigkeit, Mehl und Eiern. Zusätzlich wird den meisten Teigen Backpulver und Salz bzw. bei süßen Teigen Zucker beigefügt. Außer mit Milch kann der Teig mit Wasser, Bier, Wein oder veganen Drinks verrührt werden.
Je nach persönlichen Vorlieben kann Weizenmehl ganz oder teilweise durch andere Mehle bzw. durch Mehlmischungen ersetzt werden, z. B. durch Dinkel-, Buchweizen-, Mais-, Roggen-, Reis- oder andere Mehle, aber auch durch Vollkornmehle oder verschiedene glutenfreie Mehlmischungen.
Je nach Mehlsorte variiert die Anzahl der Eier von Rezept zu Rezept. Auch Teige ohne Ei sind möglich, indem man z. B. Ei-Ersatzpulver verwendet. Für vegane Teige ganz einfach die Milch durch einen beliebigen veganen Drink ersetzen.

GESCHMACKGEBENDE ZUTATEN

Viele weitere Zutaten sorgen für eine Vielfalt bei den Teigen, sodass sicher für jeden Geschmack etwas dabei ist. Der Teig kann mit Parmesan, Mohn, geriebenen Nüssen, Mandeln, Kürbiskernen, Sonnenblumenkernen, Sesam, geraspeltem oder fein geschnittenem Gemüse oder knusprigen Röstzwiebeln verfeinert werden, um nur einige Beispiele zu nennen. Auch gekochte Getreidekörner, Reis oder Breie wie Grieß- oder Maisbrei können Bestandteil des Teiges sein.

Gewürze und Kräuter verleihen den Teigen ihren ganz besonderen Charakter. Werden abgesehen von Salz und Pfeffer Würzmittel wie Curry, Kardamom, Ingwer, Zimt etc. zugefügt, sorgen diese für Abwechslung und Geschmacksvielfalt. Bei den Rezepten in diesem Buch werden meist frische, fein gehackte Kräuter verwendet, sie können aber auch durch getrocknete ersetzt werden (etwa dieselbe Menge, eventuell etwas weniger).

TEIGKONSISTENZ

Wichtig ist, dass der Teig eine sehr zähflüssige, fast schon breiartige Konsistenz aufweist, sodass er gut an den aufgespießten Köstlichkeiten haften bleibt. Diese werden langsam in den Teig getaucht, der in ein hohes Gefäß gefüllt wurde, und dabei leicht gedreht. Auch das Herausnehmen aus dem Teig muss vorsichtig und mit einer drehenden Bewegung erfolgen, damit sich der Teig gleichmäßig rund um die „Fülle“ verteilt und nicht heruntertropft.

Besonders perfekt und knusprig wird der Teigmantel, wenn man die in den Teig getauchten Spieße so lange dreht, bis der Teig eine leichte Haut gebildet hat. Das dauert nicht lange, maximal bis zu einer Minute.

Die aufgespießten Würstchen & Co müssen jedoch nicht unbedingt in einen Tropfteig getaucht werden, sie können auch in Strudel-, Blätter-, Filo- oder Kataifi-Teig eingewickelt und anschließend frittiert werden.

Oder man bereitet einen Erdäpfelteig oder gar einen Germteig zum Umhüllen der Fülle – diese „Dogs“ können anstatt in heißem Fett auch im Backofen gebacken werden.

TEIGRESTE-VERWERTUNG

Weil die aufgespießten Würstchen etc. ganz in den Teig eingetaucht werden müssen, ist die Teigmenge bei den Rezepten so angegeben, dass immer etwas Teig übrig bleiben wird. Aus diesen Resten können z. B. in einer leicht befetteten, erhitzten Pfanne kleine Blini oder Pancakes gebacken werden. Falls einmal für eine Party mehrere Teige für verschiedene Dog-Variationen gemacht werden, so können die Reste durchaus zusammengemischt und mit einigen Esslöffeln Mehl vermengt werden. Diese Masse wird dann ca. 2 cm dick auf ein Backblech oder in eine Auflaufform gestrichen und gebacken – Focaccia einmal anders!

ZUM WÄLZEN

Der Teigmantel kann sozusagen „gepimpt“ werden. Werden die in Teig getunkten Spieße vor dem Ausbacken in beliebigen Bröseln, Saaten und Kernen, Knusperzeug und dergleichen gewälzt, so ergibt das eine besonders herzhafte Teigkruste! Geeignet ist, was gefällt und schmeckt, z. B. Semmel-, Panko- oder Pumpernickelbrösel, Sonnenblumenkerne, Kürbiskerne, Sesam oder andere Saaten, gepuffter Reis, Amarant oder Buchweizen, gepuffte Hirse, knusprige Grammeln oder kleine Pommes-Stückchen, Röstzwiebeln, Cornflakes, Semmel- oder Brotwürfel u. v. m.

FETTE

Zum Frittieren eignen sich hoch erhitzbare pflanzliche Öle wie Sonnenblumen-, Raps- oder Maiskeimöl – keine kaltgepressten Öle verwenden! Butterschmalz verleiht Ausgebackenem einen guten Geschmack. Aber auch andere hoch erhitzbare Fette wie z. B. Schweineschmalz oder Kokosfett sind geeignet. Die optimale Temperatur zum Frittieren liegt bei etwa 180 °C. Weniger als 160 °C sollte das Fett nicht haben, sonst saugt sich der Teig zu sehr mit Fett an. Höhere Temperaturen als 200 °C sind nicht empfehlenswert, weil der Teig zu schnell bräunt und das Innere nicht durchgart.

AUFWÄRMEN VON CORN DOGS

Corn Dogs und ihre Varianten schmecken nicht nur frisch köstlich. Sie können auch kalt gegessen werden und eignen sich deshalb bestens als Fingerfood auf Partys. Am nächsten Tag kann man – wenn wirklich etwas übrig bleiben sollte – die Corn Dogs im vorgewärmten Backofen bei ca. 200 °C ungefähr 10 Minuten aufwärmen.

Rezeptteil

Corn Dogs, Saucen, Salate und mehr

CHUTNEYS, SALATE, DIPS

Corn Dogs in all ihren Variationen sind nicht nur auf Partys als Fingerfood der Renner. Mit beliebigen Beilagen werden sie zum trendigen Mittag- oder Abendessen. Denn selbst gemachte Chutneys, Dips oder Salate sorgen für das „Tüpfelchen auf dem Dog“. Daher finden sich hier vorab einige Ideen für perfekte „Begleiter“, die man dazu reichen kann. Weitere Rezepte für Chutneys, Dips und dergleichen sind auf den Rezeptseiten ab S. 20 angefügt.

Die Chutney-Rezepte in diesem Buch sind von der Menge her für den sofortigen Gebrauch gedacht. Zum Haltbarmachen von Chutneys werden am besten gleich größere Mengen zubereitet, die Massen werden noch heiß in ausgekochte Gläser gefüllt, gut verschlossen und im Wasserbad in einem großen Topf ca. 15 Minuten eingekocht.

AVOCADOSALAT

Avocado schälen, entkernen und etwa 260 g vom Fruchtfleisch in 1 cm große Stücke schneiden. 1 Zwiebel schälen und in kleine Stücke schneiden. 60 g Tomaten kurz in kochendes Wasser tauchen, rasch abkühlen, Haut abziehen und das Fruchtfleisch würfelig schneiden. 1 Knoblauchzehe schälen und fein hacken. Alles miteinander vermischen und mit 2 EL Limettensaft, Salz und Pfeffer gut verrühren.

KÄFERBOHNENSALAT

260 g gekochte Käferbohnen etwas zerkleinern. ½ Zwiebel schälen und in kleine Würfel schneiden. 50 g Jungzwiebeln und 30 g Paprikaschote waschen und klein schneiden. Das Gemüse in einer Schüssel vermischen. 2 EL Apfelessig, 2 EL Kürbiskernöl mit Salz und Pfeffer verrühren und zum Gemüse geben, gut vermischen und 30 Minuten marinieren lassen.

SCHAFSKÄSESALAT

180 g Schafskäse trocken tupfen und in 1 cm große Würfel schneiden. 60 g Zucchini, 80 g gelbe Paprikaschote und 30 g Tomaten ebenfalls in Würfel schneiden. 40 ml Olivenöl mit 1 EL Apfelessig, Salz und Pfeffer verrühren und mit dem Schafskäse und dem Gemüse vermischen.

ROTKRAUTSALAT

320 g Rotkraut und 80 g Karotten fein hobeln bzw. raspeln und mit 5 EL Sonnenblumenöl, 2 EL Essig, ½ TL gemahlenem Kümmel, Salz und Pfeffer vermischen, gut mit den Händen durchkneten. Den Salat 30 Minuten ziehen lassen.

CHAMPIGNON-ZUCHINI-SALAT

150 g Champignons in Würfel schneiden, 1 Knoblauchzehe schälen, in Scheiben schneiden und mit 20 ml Olivenöl in einer Pfanne anbraten. 150 g Zucchini in kleine Würfel schneiden. 30 g entsteinte schwarze Oliven ebenfalls kleinwürfelig schneiden und beides kurz mit den Champignons mitrösten. Mit Salz und Pfeffer abschmecken.

SAUERRAHM-HONIG-SENF

250 g Sauerrahm mit 3 EL Dijonsenf und 1 TL Honig in einer Schüssel gut verrühren. Saft und abgeriebene Schale von ½ Bio-Zitrone zugeben, mit Salz und Pfeffer abschmecken.

HONIGSAUCE

2 Knoblauchzehen schälen und pressen, mit 3 EL Honig, 180 g Tomatenketchup (siehe Rezept auf S. 20), 1 EL Senf, 2 EL Essig, 2 EL gehackter Petersilie, Salz und Pfeffer gut vermischen.

SAUCE TARTARE

1 Eidotter mit 1 EL Senf, ½ EL Zitronensaft, ½ TL Zucker, Salz und Pfeffer vermischen, dann unter ständigem Rühren in dünnem Strahl 80 ml Öl beifügen, bis die Masse sehr cremig ist. Diese Masse mit 3 EL Sauerrahm, 3 EL Naturjoghurt und 1 Prise Cayennepfeffer vermengen. 1 kleine Zwiebel, ½ Bund Petersilie oder Schnittlauch und 2 Essiggurkerln fein hacken, ebenfalls dazugeben und untermischen. Mit Salz und eventuell Zitronensaft abschmecken.

KREN-DIP

150 g Sauerrahm und 150 g Naturjoghurt in einer Schüssel glatt verrühren. 30 g Kren fein reiben und mit 2 EL Zitronensaft zur Sauerrahm-Joghurt-Mischung zugeben. Alles verrühren und mit Salz und Pfeffer abschmecken.

ZWETSCHKEN-CHUTNEY

200 g Zwetschken waschen, entkernen und in Würfel schneiden. ½ Zwiebel schälen, in kleine Würfel schneiden und mit den Zwetschken, 50 ml Portwein und 30 g Zucker in einem kleinen Topf aufkochen.
So lange köcheln lassen, bis die Flüssigkeit großteils verdampft ist. Je 1 TL abgeriebene Zitronen- und Orangenschale, 100 ml Rotwein, 1 EL Essig, Salz und Pefffer zugeben und das Chutney noch 10 Minuten einkochen lassen.

WEITERE „EXTRAS“

Abgesehen von all den feinen selbst gemachten Saucen, Dips, Salaten und Chutneys können ganz nach persönlichen Vorlieben viele weitere „Extras“ zu den Corn Dogs und ihren Variationen gereicht werden, z. B. Essiggurken, eingelegtes süß-saures Gemüse, Pfefferoni, Radieschen oder andere frische Gemüsebeilagen, beliebige Salate bis hin zu „richtigen“ Beilagen wie Pommes, Püree oder gedünstetem Gemüse.

KLASSISCHE CORN DOGS

TEIG
200 g Weizenmehl
200 g Maismehl
1 TL Backpulver
1 TL Zucker
1 TL Salz
360 ml Milch
2 Eier
1 EL Sonnenblumenöl

8 Frankfurter Würstchen
16 Holzspieße
50 g Pankobrösel
Öl oder Fett zum Frittieren

- In einer Schüssel Weizenmehl, Maismehl, Backpulver, Zucker und Salz vermischen.
- Milch, Eier und Sonnenblumenöl separat in einer Schüssel verrühren und zu den trockenen Zutaten geben, alles gut verrühren, den Teig in ein hohes Gefäß geben.
- Öl oder Fett auf 180 °C erhitzen. Die Frankfurter halbieren und auf die Holzspieße stecken.
- Die aufgespießten Würstchen langsam in den Teig tauchen und vorsichtig wieder herausziehen, damit sie gleichmäßig mit Teig bedeckt sind, beim Herausziehen die Spieße leicht drehen, um Teigtropfen zu vermeiden*.
- Die Hälfte der in Teig getunkten Würstchen sofort ins heiße Öl oder Fett geben und 3–4 Minuten goldbraun frittieren, die Hälfte vor dem Frittieren in Pankobröseln wälzen.

Tipp * Besonders perfekt und knusprig wird der Teigmantel von Corn Dogs, wenn man die in den Teig getauchten Würstchen so lange dreht, bis der Teig eine leichte Haut gebildet hat. Das dauert nicht lange, maximal eine Minute.

TOMATENKETCHUP

SELBST GEMACHT

2 kg reife Tomaten
230 g Zwiebeln
1 EL Salz
100 g Zucker
4 EL Weinessig
1 TL Senfpulver
½ TL Pimentpulver
Pfeffer

- Tomaten waschen, Stielansätze entfernen, Tomaten in Stücke schneiden. Zwiebeln schälen und fein hacken.
- Alle Zutaten in einen Topf geben und 1 Stunde lang bei geringer Hitze köcheln lassen.
- Danach die Masse durch ein feines Sieb streichen, zurück in den Topf geben und bis zur gewünschten Konsistenz einkochen, noch heiß in ausgekochte Gläser oder Flaschen füllen, gut verschließen.

Corn Dogs

„ESSIGGURKEN-CORN DOGS"
IM MAISTEIG

TEIG

130 g Maismehl
150 g Weizenmehl
1 TL Backpulver
je 1 TL Zucker und Salz
220 ml Milch
2 Eier

4 Frankfurter Würstchen
8 große Essiggurken (mind. 3 cm Ø) • 8 Holzspieße
30 g getrocknete Röstzwiebeln • Butterschmalz zum Frittieren

- Die trockenen Zutaten vermischen. Die Milch mit den Eiern verrühren und zu den trockenen Zutaten geben.
- Den Teig sehr gut verrühren, in ein hohes Gefäß geben und 15 Minuten rasten lassen.
- Butterschmalz auf 180 °C erhitzen. Die Würstchen halbieren und aufspießen.
- Die Essiggurken gut trocken tupfen und mit einem Kerngehäuseausstecher oder einem schmalen Messer aushöhlen, die „Essiggurkenhülle" über die aufgespießten Würstchen streifen.
- Die Essiggurken-Würstchen langsam in den Teig tauchen und vorsichtig herausziehen, damit sie gleichmäßig mit Teig bedeckt sind.
- In Röstzwiebeln wälzen und 5–6 Minuten goldbraun frittieren.

„ĆEVAPČIĆI DOGS"
IM PAPRIKATEIG

TEIG

100 g Roggenmehl
200 g Weizenmehl
1 TL Backpulver
2 TL Schwarzkümmel
1 EL Paprikapulver
je 1 TL Zucker und Salz
350 ml Wasser
150 g Paprikaschote

8 rohe Ćevapčići
8 Holzspieße
Öl oder Fett zum Frittieren

- In einer Schüssel Roggenmehl, Weizenmehl, Backpulver, Schwarzkümmel, Paprikapulver, Zucker und Salz verrühren.
- Das Wasser zugießen und gut verrühren, den Teig 15 Minuten rasten lassen.
- Paprikaschote in ganz kleine Würfel schneiden und unter den Teig heben, Teig in ein hohes Gefäß geben.
- Öl oder Fett auf 160 °C erhitzen. Die Ćevapčići aufspießen und langsam in den Teig tauchen, vorsichtig wieder herausziehen, damit sie gleichmäßig mit Teig bedeckt sind. Beim Herausziehen leicht drehen, um Teigtropfen zu vermeiden.
- Die „Ćevapčići Dogs" 6–7 Minuten goldbraun frittieren.

„Essiggurken-Corn Dogs" im Maisteig
„Ćevapčići Dogs" im Paprikateig

„FASCHIERTE DOGS" IM KÜRBISTEIG

FASCHIERTES

500 g Faschiertes vom Schwein
2 EL frisch gehackte Petersilie
1 TL frisch gehackter Majoran
2 Minzeblätter
1 TL frisch gehackte Korianderblätter
1 Eiklar
1 TL abgeriebene Bio-Zitronenschale
1 TL Salz
Pfeffer

KÜRBISTEIG

300 g Kürbis
150 ml Wasser
20 g zimmerwarme Butter
150 g Dinkelmehl
150 ml Milch
1 Ei
1 TL Backpulver
1 EL Senf
20 g gehackte Kürbiskerne
1 TL Salz
1 Prise Muskatnuss

12 Holzspieße
Öl oder Fett zum Frittieren

- Das Faschierte mit den fein gehackten Kräuter und den restlichen Zutaten zu einer Farce vermischen.
- Für den Teig den Kürbis schälen, in kleine Würfel schneiden und mit dem Wasser 15 Minuten weich kochen, abseihen und fein pürieren, auskühlen lassen.
- Kürbispüree mit den restlichen Zutaten zu einem Teig verrühren, diesen in ein hohes Glas oder Gefäß füllen und 10 Minuten rasten lassen.
- Öl oder Fett auf 160 °C erhitzen. Die Farce in 12 Stücke teilen, diese zu kleinen Rollen formen und vorsichtig auf die Spieße stecken.
- Das aufgespießte Faschierte vorsichtig in den Teig tauchen und beim Herausziehen leicht drehen.
- Die „Faschierten Dogs" im heißen Öl oder Fett 5–6 Minuten goldbraun frittieren.

Tipp Dazu passt das Kürbis-Chutney von S. 34 oder der Apfel-Tomaten-Salat von S. 50. Auch selbst gemachte Mayonnaise (Rezept siehe S. 26), die man noch mit Zwiebeln, Senf oder Kräutern nach Belieben verfeinern kann, schmeckt perfekt dazu.

„Faschierte Dogs“
im Kürbisteig
Rindfleischwürstchen
im Maisgrießteig
(Rezept siehe nächste Seite)

RINDFLEISCHWÜRSTCHEN
IM MAISGRIESSTEIG

(FOTO SIEHE VORIGE SEITE)

RINDFLEISCHWÜRSTCHEN

30 g getrocknete Tomaten
frische Ingwerwurzel (ca. 1 cm) • 500 g Faschiertes vom Rind • 1 Eiklar
2 TL Majoran
1 Prise Kreuzkümmel
1 TL Salz • Pfeffer

MAISGRIESSTEIG

100 g Maisgrieß
400 ml Wasser
1 TL Currypulver
1 TL Salz
200 g Weizenmehl
100 g Mais aus der Dose
1 Ei • 2 EL Olivenöl
1 TL Backpulver

12 Holzspieße
Öl oder Fett zum Frittieren

- Für die Würstchen Tomaten in kleine Würfel schneiden, Ingwer fein hacken. Mit den restlichen Zutaten zu einer Farce vermischen.
- Für den Teig Maisgrieß mit 200 ml Wasser, Currypulver und Salz aufkochen, die Hitze reduzieren, den Maisgrieß zugedeckt 10 Minuten ziehen lassen, danach vom Herd nehmen und auskühlen lassen.
- Dann mit den restlichen Zutaten zu einem glatten Teig verrühren, in ein hohes Gefäß geben und 10 Minuten rasten lassen.
- Öl oder Fett auf 160 °C erhitzen. Rinderfarce in 12 Stücke teilen und diese zu kleinen Würstchen formen.
- Die Würstchen aufspießen, vorsichtig in den Teig tauchen und beim Herausziehen leicht drehen, um Teigtropfen zu vermeiden.
- Im heißen Öl oder Fett 5–6 Minuten goldbraun frittieren.

MAYONNAISE

1 Eidotter
1 TL Senf
Salz und Pfeffer
250 ml Sonnenblumenöl
1 TL Essig

- Eidotter, Senf, Salz und Pfeffer in einer Schüssel vermischen.
- Das Öl ganz langsam unter ständigem Rühren (mit einem Schneebesen oder dem Handmixer) hinzufügen. Zum Schluss mit Essig abschmecken.

Aus dem Corn Dog Maker

MEERESFRÜCHTE
IM SAUERRAHMTEIG

TEIG

50 g Jungzwiebeln
20 g Butter
100 g Meeresfrüchte (z. B. Tiefkühlmischung)
200 g Weizenmehl
2 Eier
200 ml Milch
1 TL Backpulver
2 EL Sauerrahm
½ TL Cayennepfeffer
1 TL Salz

8 Holzspieße
etwas Öl zum Befetten

- Jungzwiebeln putzen und in feine Ringe schneiden. Butter in einer Pfanne erhitzen und Jungzwiebeln darin anbraten, dann auskühlen lassen.
- Die aufgetauten Meeresfrüchte in kleine Stücke schneiden. Mehl sieben und mit den restlichen Zutaten zu einem Teig verrühren, in einen Einweg-Dressiersack füllen (siehe Foto auf S. 9 unten rechts).
- Den Corn Dog Maker erhitzen, die Backflächen mit einem Pinsel mit Öl bestreichen.
- Die Spitze des Dressiersacks abschneiden, den Teig mit dem Dressiersack in die Vertiefungen füllen.
- Je einen Holzspieß in die Teigportionen legen (sollen rundum mit Teig bedeckt sein), Corn Dog Maker schließen und 7–8 Minuten backen.

Tipp Dazu ganz nach Belieben z. B. eingelegten Ingwer, Wakame oder eine Wasabi-Mayonnaise servieren. Aber auch ein süß-saures Chutney passt sehr gut dazu.

MANGO-CHUTNEY

1 Mango
½ Apfel
125 ml Wasser
100 g Zucker
1 Chilischote
1 Prise Muskatnuss
3 EL Weißweinessig

- Mango und Apfel schälen und das Fruchtfleisch in kleine Würfel schneiden.
- Wasser mit Zucker aufkochen und bis zur Hälfte reduzieren. Mango- und Apfelwürfel dazugeben und für 5 Minuten köcheln lassen.
- Chilischote fein hacken, mit den restlichen Zutaten zum Chutney geben und gut verrühren.

Meeresfrüchte im
Sauerrahmteig aus
dem Corn Dog Maker

HÜHNERBRUSTSTREIFEN
IM PARMESANTEIG

TEIG

150 g Weizenmehl
60 g Maismehl
50 g Roggenmehl
1 TL Oregano
1 TL Salz • Pfeffer
150 ml Wasser
50 ml Buttermilch
50 g geriebener Parmesan

400 g Hühnerbrust
Salz und Pfeffer
1 Prise Cayennepfeffer
12 Holzspieße
Öl oder Fett zum Frittieren

- Für den Teig in einer Schüssel Weizenmehl, Maismehl, Roggenmehl, Oregano, Salz und Pfeffer verrühren.
- Wasser und Buttermilch vermischen und zu den trockenen Zutaten geben, gut verrühren.
- Geriebenen Parmesan untermischen und den Teig in ein hohes Gefäß geben.
- Öl oder Fett auf 160 °C erhitzen. Hühnerbrust in Streifen schneiden, mit Salz, Pfeffer und Cayennepfeffer würzen und auf die Holzspieße stecken.
- Die aufgespießten Hühnerbruststreifen langsam in den Teig tauchen und vorsichtig herausziehen, damit sie gleichmäßig mit Teig bedeckt sind, dann 7–8 Minuten goldbraun frittieren.

„PILZ DOGS“
IN KNUSPRIGER NUDEL-HÜLLE

TEIG

160 g Dinkelmehl
120 g Kichererbsenmehl
je 1 TL Backpulver, Zucker und Salz • 2 EL Tahin
1 Ei • 300 ml Wasser
3 EL Sesamöl

3 große Kräuterseitlinge
30 ml Sojasauce
12 Holzspieße
50 g Instantnudeln
Öl oder Fett zum Frittieren

- Für den Teig die trockenen Zutaten in einer Schüssel vermischen. Tahin, Ei, Wasser und Sesamöl separat in einer Schüssel vermischen und zu den trockenen Zutaten geben.
- Den Teig gut verrühren und in ein hohes Gefäß geben.
- Öl oder Fett auf 170 °C erhitzen. Die Kräuterseitlinge vierteln und 10 Minuten in der Sojasauce marinieren lassen, dann trocken tupfen und aufspießen.
- Instantnudel zerbröseln und auf einen Teller geben.
- Aufgespießte Kräuterseitlinge in den Teig tauchen und vorsichtig herausziehen, abtropfen lassen und in den Nudeln wälzen, dann 4–5 Minuten goldbraun frittieren.

„Pilz Dogs"
in knuspriger
Nudel-Hülle
Hühnerbrust-
streifen im
Parmesanteig

„CHORIZO DOGS"
IM VOLLKORNTEIG

TEIG
300 g Vollkornmehl
1 TL Backpulver
1 EL fein gehackter Liebstöckel
1 TL Salz • Pfeffer
2 Eier • 1 EL Sauerrahm
320 ml Wasser

400 g Chorizo-Würstchen
8 Holzspieße
100 g Pumpernickel
Öl oder Fett zum Frittieren

- In einer Schüssel Vollkornmehl, Backpulver, Liebstöckel, Salz und Pfeffer verrühren.
- Eier, Sauerrahm und Wasser separat verrühren und zu den trockenen Zutaten geben.
- Den Teig gut vermischen, in ein hohes Gefäß geben und 15 Minuten ziehen lassen.
- Öl oder Fett auf 170 °C erhitzen. Pumpernickel zerbröseln und auf einen Teller geben.
- Die Chorizo-Würstchen aufspießen, langsam in den Teig tauchen und vorsichtig herausziehen, damit sie gleichmäßig mit Teig bedeckt sind.
- Etwas abtropfen lassen und in Pumpernickelbröseln wälzen, dann 4–5 Minuten goldbraun frittieren.

SCHAFSKÄSESTICKS
IM FRÜHLINGSROLLENTEIG

180 g Schafskäse
1 Ei
30 g Frühlingsrollenteig (6 Blätter)
1 TL Oregano
12 Minzeblätter

6 Holzspieße
Öl oder Fett zum Frittieren

- Den Schafskäse in 6 Sticks schneiden (etwa daumendick, 8–10 cm lang). Das Ei in einer kleinen Schüssel verquirlen.
- Öl oder Fett auf 170 °C erhitzen. Die Teigblätter auf einem Brett auflegen und mit verquirltem Ei bestreichen.
- Jedes Teigblatt mit 2 Minzeblättern belegen und mit Oregano bestreuen. Jeweils ein Schafskäsestück in die Mitte eines Teigblatts legen, den Teig links und rechts über den Käse klappen und dann die Sticks der Länge nach gut in den Teig einrollen.
- Auf Holzspieße stecken und 4–5 Minuten goldbraun frittieren.

„Chorizo Dogs" im Vollkornteig
Schafskäsesticks im Frühlingsrollenteig

„CIABATTA DOGS"

CIABATTATEIG

30 g getrocknete Tomaten
30 g schwarze Oliven (ohne Stein)
200 g Weizenmehl
100 g Roggenmehl
350 ml Wasser
1 Ei • 1 TL Backpulver
1 TL frisch gehackter Rosmarin
1 TL Salz

6 Frankfurter Würstchen
12 Käsescheiben, dünn geschnitten
12 TL Senf
12 Holzspieße
Öl oder Fett zum Frittieren

• Für den Teig die getrockneten Tomaten und die Oliven kleinwürfelig schneiden und mit den restlichen Zutaten gründlich und glatt verrühren.
• Den Teig in ein hohes Glas oder Gefäß füllen und 15 Minuten rasten lassen.
• Öl oder Fett auf 170 °C erhitzen. Frankfurter halbieren und aufspießen.
• Die Käsescheiben mit Senf bestreichen und die Frankfurter jeweils in eine Scheibe Käse einwickeln, den Käse gut festdrücken und die eingewickelten Würstchen eventuell 15 Minuten in den Tiefkühler geben.
• Die Würstchen vorsichtig in den Teig tauchen, herausziehen, leicht drehen, damit sich keine Teigtropfen bilden.
• Danach im heißen Fett 4–5 Minuten goldbraun frittieren.

KÜRBIS-CHUTNEY

150 g Kürbis
30 ml Wasser
30 g Zucker
20 ml Essig
1 EL Olivenkraut
1 Prise Kurkuma
Salz und Pfeffer

• Kürbis schälen und in Würfel schneiden. Mit Wasser, Zucker und Essig in einem kleinen Topf 10 Minuten bei geringer Hitze köcheln lassen.
• Olivenkraut fein hacken und mit den restlichen Zutaten zum Kürbis geben, gut verrühren.

„Ciabatta Dogs“

WURSTSCHEIBEN-LOLLIS
IM MAISGRIESSTEIG

MAISGRIESSTEIG

100 g Maisgrieß
300 ml Wasser
1 TL Salz
80 ml Wasser
2 EL Sauerrahm
1 Ei • 2 EL Olivenöl
150 g Weizenmehl

400 g Extrawurst (am Stück, nicht geschnitten)
12 Holzspieße
100 g gehackte Kürbiskerne
Öl oder Fett zum Frittieren

- Für den Teig Maisgrieß und 300 ml Wasser mit ½ TL Salz in einem kleinen Topf aufkochen. Dann die Hitze reduzieren und unter ständigem Rühren auf niedrigster Stufe 10 Minuten köcheln lassen.
- Die Grießmasse auskühlen lassen und anschließend mit den restlichen Zutaten zu einem glatten Teig verrühren, diesen 15 Minuten rasten lassen.
- Öl oder Fett auf 180 °C erhitzen. Die Extrawurst in 1 cm dicke Scheiben schneiden und diese aufspießen, sodass sie wie Lollis aussehen.
- Die aufgespießten Wurstscheiben langsam in den Teig tauchen und vorsichtig herausziehen, damit sie gleichmäßig mit Teig bedeckt sind, kurz abtropfen lassen.
- Danach die Hälfte der Wurstscheiben in Kürbiskernen wälzen und im heißen Öl oder Fett 3–4 Minuten goldbraun frittieren.

TOMATEN-ZIMT-CHUTNEY

200 g Tomaten
20 ml Essig
50 ml Wasser
2 EL Olivenöl
2 Gewürznelken
1 Zimtstange
1 Wacholderbeere

- Die Tomaten in kleine Würfel schneiden und mit den restlichen Zutaten in einem kleinen Topf köcheln lassen, bis die gewünschte Konsistenz erreicht ist.
- Danach die Gewürznelken, die Zimtstange und die Wacholderbeere entfernen.

Wurstscheiben-Lollis
im Maisgrießteig

VEGANE CORN DOGS

TEIG

40 g Dinkelmehl
50 g Maismehl
100 g Weizenmehl
1 TL Backpulver
Salz
200 ml Haferdrink

8 vegane Würstchen
8 Holzspieße
60 g gepuffter Buchweizen
Öl oder Fett zum Frittieren

- In einer Schüssel Dinkelmehl, Maismehl, Weizenmehl, Backpulver und Salz vermischen.
- Haferdrink zugeben und alles sehr gut verrühren. Den Teig in ein hohes Gefäß geben.
- Öl oder Fett auf 180 °C erhitzen. Die veganen Würstchen auf die Spieße stecken.
- Die aufgespießten Würstchen langsam in den Teig tauchen und vorsichtig herausziehen, damit sie gleichmäßig mit Teig bedeckt sind. Beim Herausziehen leicht drehen, um Teigtropfen zu vermeiden.
- Die veganen Corn Dogs im gepufften Buchweizen wälzen und 3–4 Minuten goldbraun frittieren.

GEMÜSESPIESSE

IM DINKEL-ESTRAGON-TEIG

TEIG

300 g Dinkelmehl
1 TL Backpulver
2 EL frisch
gehackter Estragon
1 TL Salz
100 ml Naturjoghurt
300 ml Wasser
1 Ei • 2 EL Öl

100 g Zucchini
100 g Melanzani
100 g Champignons
12 Holzspieße
Öl oder Fett zum Frittieren

- Dinkelmehl, Backpulver, Estragon und Salz vermischen. Naturjoghurt, Wasser, Ei und Öl separat in einer Schüssel verrühren und zu den trockenen Zutaten geben.
- Den Teig gut verrühren und in ein hohes Gefäß geben.
- Öl oder Fett auf 180 °C erhitzen. Das Gemüse putzen bzw. waschen, in mundgerechte Stücke schneiden und gemischt (oder jede Gemüseart extra) aufspießen.
- Die Spieße langsam in den Teig tauchen und vorsichtig herausziehen, damit die Gemüsestücke gleichmäßig mit Teig bedeckt sind. Beim Herausziehen leicht drehen, um Teigtropfen zu vermeiden.
- Die Gemüsespieße 3–4 Minuten goldbraun frittieren.

Gemüsespieße im Dinkel-Estragon-Teig
Vegane Corn Dogs

„NÜRNBERGER DOGS“
IM ZWIEBELTEIG

ZWIEBELTEIG

1 rote Zwiebel
1 EL Butter
250 g Weizenmehl
1 EL Leinsamen
1 TL Backpulver
50 g Naturjoghurt
200 ml Milch
1 Ei • 1 TL Salz • Pfeffer

1 Laugenbrezel
12 Nürnberger Würstchen
12 Holzspieße
Öl oder Fett zum Frittieren

- Zwiebel schälen und in kleine Würfel schneiden, in der erhitzten Butter anrösten, dann auskühlen lassen.
- Restliche Teigzutaten in ein Schüssel geben und zu einem glatten Teig verrühren, Zwiebel unterrühren.
- Teig in ein hohes Gefäß geben und 15 Minuten rasten lassen.
- Öl oder Fett auf 180 °C erhitzen. Laugenbrezel in kleine Würfel schneiden.
- Die Würstchen aufspießen, langsam in den Teig tauchen und vorsichtig herausziehen, damit sie gleichmäßig mit Teig bedeckt sind. Beim Herausziehen leicht drehen, um Teigtropfen zu vermeiden.
- Dann in den Laugenbrezelwürfeln wälzen und im heißen Öl oder Fett goldbraun frittieren.

„DEBREZINER DOGS“
IM AMARANTTEIG

TEIG

50 g Amarant
200 ml Wasser
200 g Weizenmehl
1 TL Backpulver
250 ml Wasser
1 EL Leinsamen • 1 Ei
½ TL gemahlene Koriander
1 TL Salz

12 kleine Debreziner Würstchen • 12 Holzspieße
80 g gepuffter Amarant
Öl oder Fett zum Frittieren

- Amarant mit 200 ml Wasser in einen Topf geben und bei kleiner Hitze 20 Minuten köcheln und danach auskühlen lassen.
- Restliche Zutaten in einer Schüssel gut verrühren, 15 Minuten rasten lassen. Ausgekühlten Amarant dazugeben und gut vermischen, Teig in ein hohes Gefäß füllen.
- Öl oder Fett auf 160 °C erhitzen. Die Debreziner auf die Holzspieße stecken.
- Die aufspießten Würstchen langsam in den Teig tauchen und vorsichtig wieder herausziehen, im gepufften Amarant wälzen und 4 Minuten goldbraun frittieren.

„Nürnberger Dogs"
im Zwiebelteig
„Debreziner Dogs"
im Amaranteig

CORN DOGS
MIT KNUSPERGRAMMELN

TEIG

200 g Dinkelmehl
60 g Maismehl
1 TL Paprikapulver
1 EL Zucker • 1 Ei
250 ml Milch • 1 TL Salz

12 beliebige kleine Würstchen • 12 Holzspieße
60 g Grammeln (Grieben)
Öl oder Fett zum Frittieren

- Für den Teig alle Zutaten glatt verrühren, den Teig in ein hohes Gefäß füllen und 15 Minuten rasten lassen.
- Öl oder Fett auf 170 °C erhitzen. Grammeln kleinwürfelig schneiden und auf einen Teller geben.
- Würstchen auf die Spieße stecken, langsam in den Teig tauchen und vorsichtig herausziehen, damit sie gleichmäßig mit Teig bedeckt sind. Beim Herausziehen leicht drehen, um Teigtropfen zu vermeiden.
- In den Grammelwürfeln wälzen und im heißen Öl oder Fett 4–5 Minuten goldbraun frittieren.

MAISGRIESS-CORN DOGS

TEIG

60 g Maisgrieß
20 g Butter
250 ml Wasser
2 EL fein gehackter Rosmarin
100 g Weizenmehl
1 TL Backpulver
100 ml Milch • 1 TL Salz

10 kleine Würstchen
10 Holzspieße
30 g Maisgrieß
Öl oder Fett zum Frittieren

- Für den Teig Maisgrieß mit Butter und Wasser in einem kleinen Topf aufkochen, Hitze reduzieren und unter ständigem Rühren 10 Minuten köcheln lassen. Von Herd nehmen und auskühlen lassen.
- Mit den restlichen Zutaten zu einem glatten Teig verrühren, in ein hohes Gefäß geben und 10 Minuten rasten lassen.
- Öl oder Fett auf 170 °C erhitzen. Würstchen auf die Spieße stecken und vorsichtig in den Teig tauchen, herausziehen und in Maisgrieß wälzen.
- Im erhitzten Öl oder Fett 4–5 Minuten goldbraun frittieren.

Corn Dogs mit
Knuspergrammeln
Maisgrieß-
Corn Dogs

„BRATWURST DOGS"
IM REISTEIG

TEIG

150 g Weizenmehl
1 TL Backpulver
½ TL gemahlener Kardamom
1 Prise Neugewürz
1 TL Salz • 150 ml Wasser
100 g Grammeln
140 g gekochter Reis

400 g Bratwürstchen
8 Holzspieße
Öl oder Fett zum Frittieren

- In einer Schüssel Weizenmehl, Backpulver, Kardamom, Neugewürz und Salz verrühren. Wasser zugeben und gut verrühren.
- Reis untermischen, Grammeln etwas zerkleinern und ebenfalls mit dem Teig vermengen.
- Den Teig in ein hohes Gefäß geben, 15 Minuten ziehen lassen.
- Öl oder Fett auf 180 °C erhitzen.
- Die Bratwürstchen auf die Spieße stecken, langsam in den Teig tauchen und vorsichtig herausziehen, damit sie gleichmäßig mit Teig bedeckt sind.
- Etwas abtropfen lassen, dann 3–4 Minuten goldbraun frittieren.

„BLUTWURST DOGS"
IM KARTOFFELTEIG

KARTOFFELTEIG

400 g mehligkochende Kartoffeln
20 g zimmerwarme Butter
100 g griffiges Mehl
30 g Weizengrieß
2 Eidotter • 1 TL Salz
1 Prise Muskatnuss • Pfeffer

12 kleine Blutwürstchen (je 35 g, ohne Haut)
12 Holzspieße
50 g Weizengrieß
Butterschmalz

- Die ungeschälten Kartoffeln in Salzwasser weich kochen, schälen und durch die Kartoffelpresse pressen, auskühlen lassen.
- Die restlichen Zutaten zugeben und alles zu einem Teig verkneten.
- Butterschmalz auf ca. 170 °C erhitzen. Blutwürstchen auf die Holzspieße stecken.
- Den Teig in 12 Stücke teilen, diese flach drücken und die Blutwürstchen damit ummanteln (Teig rund um die Würste gut verschließen, siehe Foto auf S. 49 Mitte rechts), dann im Grieß wälzen.
- Die „Blutwurst Dogs" im heißen Butterschmalz 5–6 Minuten goldbraun ausbacken.

„Bratwurst Dogs"
im Reisteig
„Blutwurst Dogs"
im Kartoffelteig

„HALLOUMI DOGS“
IM BUCHWEIZENTEIG

BUCHWEIZENTEIG

50 g Champignons
20 g Butter
100 g Buchweizenmehl*
250 g Weizenmehl
100 ml Milch
200 ml Wasser • 1 Ei
100 g Frischkäse
1 TL Backpulver
1 TL gemahlener Kümmel

600 g Halloumi
12 Holzspieße
80 g gepuffter Buchweizen*
Öl oder Fett zum Frittieren

- Für den Teig die Champignons waschen und feinwürfelig schneiden. Die Butter in einer Pfanne erhitzen und die Champignonwürfel darin anrösten, dann auskühlen lassen.
- Die restlichen Zutaten zu einem glatten Teig verrühren und zum Schluss die gebratenen Champignons zugeben, Teig in ein hohes Gefäß füllen und 15 Minuten rasten lassen.
- Öl oder Fett auf 170 °C erhitzen. Halloumi in Sticks schneiden (ca. 2 x 2 x 10 cm) und auf die Spieße stecken.
- Die aufgespießten Sticks vorsichtig in den Teig tauchen, herausziehen und im gepufften Buchweizen wälzen.
- Im heißen Öl oder Fett 4–5 Minuten goldbraun frittieren.

* Statt Buchweizenmehl und gepufftem Buchweizen kann man auch Hirsemehl und gepuffte Hirse verwenden.

ZWIEBEL-APFEL-CHUTNEY

150 g Äpfel
1 rote Zwiebel (ca. 60 g)
frische Ingwerwurzel
(ca. 1 cm) • 1 EL Zucker
20 ml Essig • 30 ml Wasser
20 g Rosinen
1 TL Rosmarinnadeln
1 Prise Cayennepfeffer

- Die Äpfel schälen, vom Kerngehäuse befreien und in kleine Würfel schneiden. Zwiebel und Ingwer schälen und feinwürfelig schneiden.
- Äpfel, Zwiebel und Ingwer mit Zucker, Essig und Wasser in einen kleinen Topf geben und 8 Minuten köcheln lassen.
- Rosinen und fein gehackten Rosmarin zugeben und mit Cayennepfeffer abschmecken.

(Rezept siehe nächste Seite)

„MOZZARELLA DOGS“
IM SEMMELBRÖSELTEIG

(FOTO SIEHE VORIGE SEITE)

TEIG

200 g Weizenmehl
50 g Semmelbrösel
2 EL Zucker
1 Ei
250 ml Milch
1 TL Estragon
1 TL gemahlener Kurkuma
½ TL Cayennepfeffer
1 TL Salz

600 g Mozzarella
12 Holzspieße
50 g Semmelbrösel
Öl oder Fett zum Frittieren

- Für den Teig alle Zutaten zu einer glatten, zähflüssigen Masse verrühren, Teig in ein hohes Gefäß füllen und 15 Minuten rasten lassen.
- Öl oder Fett auf 180 °C erhitzen. Mozzarella in Sticks schneiden (ca. 2 x 2 x 10 cm) und auf die Spieße stecken.
- Die aufgespießten Sticks vorsichtig in den Teig tauchen, herausziehen und in den Semmelbröseln wälzen.
- Im erhitzten Öl oder Fett 3–4 Minuten goldbraun frittieren.

ZUCCHINI-CHUTNEY

180 g Zucchini
1 kleine rote Zwiebel
(ca. 40 g) • 2 EL Olivenöl
10 g Zucker
1 TL abgeriebene
Bio-Zitronenschale • Salz

- Zucchini in Würfel schneiden, Zwiebel schälen und in kleine Würfel schneiden. Mit den restlichen Zutaten in einem kleinen Topf weich dünsten.

VEGGIE-CORN DOGS

TEIG

200 g Weizenmehl
100 g Maismehl
1 TL Backpulver
1 TL Zucker
1 TL Salz
270 ml Milch
2 Eier
1 EL Sesamöl

200 g Okraschoten
200 g Baby-Maiskölbchen
Holzspieße
80 g Cornflakes
Öl zum Frittieren

- In einer Schüssel Weizenmehl, Maismehl, Backpulver, Zucker und Salz vermischen.
- Milch, Eier und Sesamöl separat in einer Schüssel verrühren und zu den trockenen Zutaten geben, alles gut verrühren und den Teig in ein hohes Gefäß geben.
- Die Okraschoten und die Maiskölbchen eine Minute in Salzwasser überbrühen, dann auskühlen lassen.
- Das Öl auf 180 °C erhitzen. Die Cornflakes in einen Gefrierbeutel geben und mit einem Schnitzelklopfer oder Rollholz zerkleinern, dann auf einen Teller geben.
- Die Okraschoten und die Maiskölbchen auf die Spieße stecken, vorsichtig in den Teig tauchen, herausziehen, etwas drehen, damit sich keine Teigtropfen bilden und in den Cornflakes wälzen.
- Die Veggie-Corn Dogs 3–4 Minuten goldbraun frittieren.

APFEL-TOMATEN-SALAT

1 Zwiebel (ca. 70 g)
1 Knoblauchzehe
20 ml Olivenöl
230 g Äpfel
250 g Tomaten
6 Korianderblätter
20 g Sweet Chilisauce
20 g Honig
Salz und Cayennepfeffer

- Zwiebel und Knoblauch schälen und in ganz kleine Würfel schneiden. Beides in Olivenöl kurz anbraten.
- Äpfel schälen, entkernen und in kleine Würfel (1 cm) schneiden.
- Tomaten ebenfalls kleinwürfelig schneiden. Korianderblätter fein hacken. Alle Zutaten mit dem angebratenen Zwiebel-Knoblauch-Gemisch gut verrühren.

Veggie-
Corn Dogs

FISCHWÜRSTCHEN
IM BACKTEIG

FISCHWÜRSTCHEN

350 g Zanderfilet
ohne Haut • 1 Eiklar
½ TL Salz
1 TL fein gehackter Dill
½ TL fein gehackter
Majoran
50 ml Obers
30 g Semmelbrösel
1 TL Zitronensaft • Pfeffer

BACKTEIG

100 g Weizenmehl • 2 Eier
30 ml Obers • 100 ml Bier
abgeriebene Bio-Zitronenschale • Salz

12 Holzspieße
Öl zum Frittieren

- Für die Würstchen Fischfilet ganz fein schneiden, mit Eiklar und Salz mischen.
- Dill und Majoran mit den restlichen Zutaten zur Fischfarce geben, alles gut verrühren und 15 Minuten ziehen lassen.
- Für den Backteig das Mehl sieben, in einer Schüssel mit Eidottern, Obers, Bier und Zitronenschale verrühren.
- Eiklar mit Salz zu steifem Schnee schlagen, unter die Mehl-Masse heben, Teig in ein hohes Glas füllen.
- Das Öl auf 160 °C erhitzen. Fischfarce in 12 Stücke à 40 g teilen und mit den Händen zu Würstchen formen.
- Jedes Würstchen vorsichtig auf einen Spieß stecken, langsam in den Teig tauchen, herausziehen und im erhitzten Öl 6–7 Minuten goldbraun frittieren.

BARBECUESAUCE

60 g Salatgurke
60 g Essiggurken
160 g Zwiebeln
1 Knoblauchzehe
5 Basilikumblätter
500 g Tomatenketchup
20 g frisch geriebener Kren
Salz und Pfeffer

- Die frische Salatgurke in kleine Würfel schneiden, Essiggurken ebenfalls kleinwürfelig schneiden.
- Zwiebeln schälen und fein hacken, Knoblauch schälen und pressen, Basilikumblätter fein hacken.
- Mit dem Tomatenketchup (Rezept siehe S. 20), dem frisch geriebenen Kren und den Gewürzen gut verrühren.

Fischwürstchen im Backteig

Garnelenspieße im Erdnussbackteig
(Rezept siehe nächste Seite)

GARNELENSPIESSE
IM ERDNUSSBACKTEIG

(FOTO SIEHE VORIGE SEITE)

ERDNUSSBACKTEIG

40 g geröstete Erdnüsse
2 Eier • 150 g Mehl
150 ml Milch
2 EL Erdnussbutter
½ TL Salz

400 g Garnelen
Holzspieße
Öl oder Fett zum Frittieren

- Für den Erdnussbackteig die Erdnüsse klein hacken. Die Eier trennen, Eiklar mit einer Prise Salz zu steifem Schnee schlagen.
- Das Mehl in eine Schüssel sieben, mit Eidottern, Milch, Erdnussbutter und Salz gut verrühren.
- Den Eischnee unter die Mehl-Masse heben, die gehackten Erdnüsse ebenfalls untermischen, den Teig in ein hohes Glas füllen.
- Öl oder Fett auf 170 °C erhitzen. Die Garnelen schälen und aufspießen (entweder längs oder spiralförmig eingerollt, siehe Foto auf S. 55 links oben).
- Die Garnelenspieße langsam in den Teig tauchen, herausziehen und leicht drehen, damit alles mit Teig bedeckt ist.
- Im erhitzten Öl oder Fett 4–5 Minuten goldbraun frittieren.

COCKTAILSAUCE

80 g rote Paprikaschote
10 g frisch geriebener Kren
200 g Mayonnaise
120 g Tomatenketchup
1 EL Essiggurkensaft
1 Schuss Worcestersauce
1 cl Weinbrand
1 TL Zitronensaft
Salz und Pfeffer

- Paprikaschote in ganz kleine Würfel schneiden und mit den restlichen Zutaten gut verrühren.

„SUSHI DOGS"

SUSHI

200 g Sushi-Reis
½ TL Zucker
½ TL Salz
2 EL Reisessig
60 g Salatgurke
60 g Karotten
50 g Räucherlachs
1 EL Wasabipaste
3 Noriblätter

Bambusmatte und Frischhaltefolie zum Einrollen

6 Holzspieße • 2 Eier
½ TL Salz
60 g dünne Reisnudeln
Öl oder Fett zum Frittieren

- Sushi-Reis in ein Sieb geben, mit kaltem Wasser abspülen, dann mit 250 ml Wasser in einen Topf geben und bei niedriger Temperatur mit geschlossenem Deckel 15 Minuten köcheln lassen.
- Zucker und Salz mit dem Reisessig vermischen und zum noch heißen Reis geben, gut verrühren und auskühlen lassen.
- Gurke, Karotten und Räucherlachs in dünne Streifen schneiden.
- Die Bambusmatte mit einer Frischhaltefolie einwickeln, ein Noriblatt darauflegen.
- Ein Drittel vom Reis mit den Fingern auf dem Noriblatt verteilen, ein wenig Wasabipaste auf den Reis streichen.
- Ein Drittel der Räucherlachs-, Karotten- und Gurkenstreifen auflegen und alles mithilfe der Bambusmatte einrollen.
- Mit den restlichen Noriblättern wie beschrieben zwei weitere Rollen formen und 30 Minuten im Kühlschrank durchziehen lassen.
- Die Rollen halbieren und vorsichtig auf die Holzspieße stecken.
- Öl oder Fett auf 160 °C erhitzen. Reisnudel zerkleinern und auf einen Teller geben.
- Die Eier mit Salz verquirlen, die Sushi-Spieße darin eintauchen, abtropfen und in in den Reisnudeln wälzen.
- Die Sushi Dogs 5–6 Minuten frittieren.

Tipp Man kann die Sushi-Spieße statt in verquirlte Eier auch in einen Maisteig oder einen anderen Teig tauchen und dann in Reisnudeln wälzen. Dazu Sojasauce, Wasabipaste und eingelegten Ingwer sowie Wakame reichen.

WÜRZIGE SOJASAUCE

1 Knoblauchzehe
½ Chilischote
3 Korianderblätter
60 ml Sojasauce
30 ml Reisessig
50 ml Erdnussöl

- Den Knoblauch schälen und halbieren.
- Die Chilischote fein schneiden, mit den restlichen Zutaten in ein hohes Gefäß geben und alles mit einem Stabmixer pürieren.

„Sushi Dogs"
„Sushi Dogs" im Maisteig

„KOR DOGS"
(KOREANISCHE CORN DOGS)

TEIG
250 g Weizenmehl
150 g Maismehl
1 TL Backpulver
1 TL Zucker • 1 TL Salz
360 ml Milch • 2 Eier
1 EL Sonnenblumenöl

3 Frankfurter Würstchen
120 g Tramezzini-Brot
6 EL Senf
12 Scheiben Emmentaler
12 Scheiben Bauchspeck
6 Holzspieße
120 g Pommes
Öl oder Fett zum Frittieren

- In einer Schüssel Weizenmehl, Maismehl, Backpulver, Zucker und Salz vermischen. Milch, Eier und Sonnenblumenöl separat in einer Schüssel verrühren und zu den trockenen Zutaten geben. Den Teig gut verrühren und in ein hohes Gefäß geben.
- Öl oder Fett auf 170 °C erhitzen. Pommes in 1 cm große Würfel schneiden und auf einen Teller geben.
- Die Frankfurter halbieren und aufspießen. Das Tramezzini-Brot dünn ausrollen, mit Senf bestreichen, jeweils mit zwei Scheiben Käse und Speck belegen und die Frankfurter gut darin einwickeln (siehe Fotos auf S. 55 Mitte), festdrücken und für 15 Minuten in den Tiefkühler geben.
- Dann die „Kor Dogs" langsam in den Teig tauchen, vorsichtig herausziehen und in den Pommeswürfeln wälzen.
- Im erhitzten Öl oder Fett 7–8 Minuten goldbraun frittieren.

ZWIEBEL-GURKEN-SENF

130 g Zwiebeln
50 g Salatgurke
200 g Senf

- Zwiebeln schälen und in kleine Würfel schneiden. Salatgurke ebenfalls in kleine Würfel schneiden. Beides gut mit dem Senf verrühren.

„Kor Dogs"

„SURIMI DOGS“
MIT KATAIFITEIG

TEIG
2 Eier
1 EL Weizenmehl
½ TL gemahlener Koriander • ½ TL Salz
Pfeffer

200 g Surimi-Sticks
50 g Kataifiteig
8 Holzspieße
Öl oder Fett zum Frittieren

- In einer Schüssel die Eier etwas aufschlagen, Mehl, Koriander, Salz und Pfeffer dazugeben, den Teig gut verrühren und in ein hohes Gefäß füllen.
- Die Surimi-Sticks auf die Spieße stecken und vorsichtig im Teig eintauchen, wieder herausziehen und leicht drehen.
- Die getunkten Surimi-Sticks mit Kataifiteig umwickeln, diesen gut festdrücken.
- Öl oder Fett auf 170 °C erhitzen.
- Die „Surimi Dogs“ 3–4 Minuten goldbraun frittieren.

„TOFU DOGS“
IM WASABITEIG

TEIG
100 g Reismehl
200 g Weizenmehl
1 TL Backpulver
1 TL Salz
2 TL Wasabipaste
(oder 1 TL Wasabipulver)
2 Eier
250 ml Wasser
2 EL Sesamöl

400 g geräucherter Tofu
8 frische Zitronengrasstängel
Öl oder Fett zum Frittieren

- In einer Schüssel Reismehl, Weizenmehl, Backpulver und Salz verrühren.
- Wasabipaste, Eier, Wasser und Sesamöl separat in einer Schüssel vermischen und zu den trockenen Zutaten geben.
- Den Teig gut verrühren und in ein hohes Gefäß geben, 15 Minuten ziehen lassen.
- Öl oder Fett auf 180 °C erhitzen. Tofu in Sticks schneiden (daumendick, ca. 8–10 cm lang) und vorsichtig auf die Zitronengrasstängel spießen.
- Die Tofu-Sticks langsam in den Teig tauchen und vorsichtig herausziehen, damit sie gleichmäßig mit Teig bedeckt sind, dann 4–5 Minuten goldbraun frittieren.

„Tofu Dogs"
im Wasabiteig
„Surimi Dogs" mit
Kataifiteig

PUTENFRANKFURTER
IM TOPFENTEIG MIT REISFLOCKEN

TEIG
150 g Topfen
(20 % F. i. Tr.) • 1 Ei
30 g zimmerwarme Butter
150 g Weizenmehl
50 g Maismehl
1 TL Backpulver
1 EL gemischte
Quinoasamen
200 ml Milch • 1 TL Salz

6 Putenfrankfurter
12 Holzspieße
100 g Reisflocken
Öl oder Fett zum Frittieren

- In einer Schüssel Topfen mit Ei und Butter glatt verrühren. Die restlichen Zutaten zugeben und gut vermischen, bis der Teig glatt ist.
- Den Teig in ein hohes Gefäß geben und 15 Minuten rasten lassen.
- Öl oder Fett auf 180 °C erhitzen. Die Putenfrankfurter halbieren und auf die Spieße stecken.
- Die Würstchen langsam in den Teig tauchen und herausziehen, in den Reisflocken wälzen und im erhitzten Öl oder Fett 5 Minuten goldbraun frittieren.

CHILIWÜRSTCHEN
IM KICHERERBSENTEIG

glutenfrei

TEIG
100 g Kichererbsenmehl
150 g Buchweizenmehl
1 TL Backpulver
50 ml Milch
50 ml Obers
150 ml Wasser
10 g Chiasamen
1 TL Salz

8 Chiliwürstchen
8 Holzspieße
30 g Kichererbsenmehl
Sonnenblumenöl

- Alle Zutaten zu einem glatten Teig verrühren. Diesen in ein hohes Gefäß füllen und 15 Minuten rasten lassen.
- Das Öl auf 160 °C erhitzen. Die Chiliwürstchen aufspießen.
- Die Würstchen langsam in den Teig tauchen und vorsichtig herausziehen, damit sie gleichmäßig mit Teig bedeckt sind. Beim Herausziehen leicht drehen, um Teigtropfen zu vermeiden.
- Die in Teig getunkten Würstchen im Kichererbsenmehl wälzen und im erhitzten Öl 5–6 Minuten goldbraun frittieren.

Putenfrankfurter im Topfenteig mit Reisflocken
Chiliwürstchen im Kichererbsenteig

„FISCH DOGS“
IM BUTTERMILCHTEIG

BUTTERMILCHTEIG
150 g Weizenmehl
150 g Roggenmehl
1 TL Backpulver
20 g Flohsamenschalen
150 ml Buttermilch
400 ml Wasser • 2 Eier
½ TL gemahlener Piment
1 EL gehackte Petersilie
1 TL Salz • Pfeffer

400 g Dorschfilet
(TK-Ware, Vierecke)
18 Holzspieße
100 g gehackte
Kürbiskerne
Öl oder Fett zum Frittieren

- Für den Teig Weizen- und Roggenmehl in einer Schüssel mit Backpulver und Flohsamenschalen vermischen. Buttermilch, Wasser, Eier sowie die übrigen Zutaten hinzufügen und alles glatt verrühren.
- Den Teig in ein hohes Gefäß füllen und 15 Minuten rasten lassen.
- Öl oder Fett auf 160 °C erhitzen. Fischblöcke auftauen lassen und in etwa 2 x 2 x 10 cm große Sticks schneiden.
- Die Fischstücke auf die Spieße stecken, vorsichtig in den Teig tauchen, langsam herausziehen und leicht drehen, damit sie rundum gut mit Teig bedeckt sind.
- Dann in den gehackten Kürbiskernen wälzen und im erhitzten Öl oder Fett 5–6 Minuten goldbraun frittieren.

COLESLAW

400 g Spitzkohl
1 TL Salz
80 g Karotten
1 kleine Zwiebel (ca. 50 g)
2 EL Mayonnaise
2 EL Buttermilch
1–2 EL Apfelessig
1 Prise Paprikapulver
30 g Zucker
½ TL Senf

- Spitzkohl fein hobeln und mit Salz vermengen, 1 Stunde stehen lassen. Danach mit dem Händen den entstandenen Saft ausdrücken und abtropfen lassen.
- Die Karotten schälen und raspeln, Zwiebel schälen und kleinwürfelig schneiden. Beides zum Kraut geben.
- Die restlichen Zutaten in einer anderen Schüssel gut miteinander verrühren und dann gut mit dem Gemüse vermischen.
- Den Coleslaw für mindestens 3 Stunden im Kühlschrank ziehen lassen.

„Fisch Dogs" im
Buttermilchteig

„LOLLIPOP-CORN DOGS“

TEIG

150 g Weizenmehl
50 g Maismehl
1 TL Backpulver
½ TL Kurkumapulver
1 TL Zucker
1 TL Salz
180 ml Milch • 1 Ei

2 Frankfurter Würstchen
8 Mozzarellabällchen
16 Holzspieße
30 g gepuffter Amarant
30 g gepuffte Hirse
Öl oder Fett zum Frittieren

- In einer Schüssel Weizenmehl, Maismehl, Backpulver, Kurkuma, Zucker und Salz vermischen.
- Milch und Ei separat in einer Schüssel verrühren und zu den trockenen Zutaten geben.
- Alles gut verrühren und den Teig in ein hohes Gefäß geben.
- Öl oder Fett auf 180 °C erhitzen. Die Frankfurter in 2 cm große Stücke schneiden und aufspießen. Die Mozzarellabällchen ebenfalls aufspießen.
- Die Spieße langsam in den Teig tauchen und vorsichtig herausziehen, damit sie gleichmäßig mit Teig bedeckt sind. Beim Herausziehen leicht drehen, um Teigtropfen zu vermeiden.
- Etwa ein Drittel der Lollipop-Corn Dogs sofort im erhitzten Öl oder Fett 3–4 Minuten goldbraun frittieren.
- Die restlichen Bällchen vor dem Frittieren im gepufften Amarant bzw. in der gepufften Hirse wälzen.

Tipp Diese Bällchen sind perfekt als Fingerfood geeignet und werden Erwachsene und Kinder gleichermaßen begeistern. Dazu serviert man selbst gemachtes Ketchup (siehe S. 20) und Mayonnaise (siehe S. 26) oder beliebige andere Dips, Saucen, Pommes etc.

ERBSENSCHOTEN-MANGO-SALAT

150 g Erbsenschoten
100 g Mango
80 g Lauch
3 EL Olivenöl
2 EL Weißweinessig
2 EL Wasser
1 TL Ahornsirup
1 Handvoll Rucola
Salz und Pfeffer

- Erbsenschoten in feine Streifen schneiden. Mango schälen, das Fruchtfleisch vom Stein schneiden und zuerst in dünne Scheiben, dann in Streifen schneiden.
- Lauch putzen, waschen, längs halbieren und in feine Streifen schneiden, mit dem Gemüse in einer Schüssel vermischen.
- In einer anderen Schüssel Olivenöl, Weißweinessig, Wasser und Ahornsirup verrühren, dann die Gemüsestreifen damit marinieren.
- Rucola zugeben und mit Salz und Pfeffer abschmecken.

„Lollipop-Corn Dogs"

Aus dem Corn Dog Maker

„BRATWURST DOGS“
IM KÜRBISKERNTEIG

glutenfrei

TEIG
300 g Reismehl
100 g Kürbiskernmehl
2 TL Backpulver
4 Eier
400 ml Milch
1 TL Salz
3 EL Kürbiskernöl

12 Bratwürstchen
12 Holzspieße
etwas Öl zum Befetten

- Alle Zutaten zu einem glatten Teig verrühren. Diesen in einen Einweg-Dressiersack füllen.
- Den Corn Dog Maker erhitzen, die Vertiefungen mithilfe eines Pinsels mit etwas Öl bestreichen.
- Die Bratwürstchen aufspießen. Die Spitze des Dressiersacks abschneiden, den Teig in die Vertiefungen des Corn Dog Makers portionieren (siehe Fotos S. 27 unten Mitte).
- Die aufgespießten Würstchen in den Teig legen und drehen, damit sie rundum mit Teig bedeckt sind.
- Corn Dog Maker schließen und die „Bratwurst Dogs“ 7–8 Minuten backen.

„KÄSEKRAINER DOGS“
IM TEIGMANTEL

TEIG
200 g Weizenmehl
60 g Dinkelmehl
80 g Sonnenblumenkerne
1 EL Zucker
1 Ei
250 ml Milch
1 TL Salz

12 kleine Käsekrainer
12 Holzspieße
Öl oder Fett zum Frittieren

- Für den Teig alle Zutaten glatt verrühren, in ein hohes Gefäß füllen und 15 Minuten rasten lassen.
- Öl oder Fett auf 170 °C erhitzen. Die Käsekrainer auf die Spieße stecken.
- Die Würstchen langsam in den Teig tauchen und vorsichtig herausziehen, damit sie gleichmäßig mit Teig bedeckt sind. Beim Herausziehen leicht drehen, um Teigtropfen zu vermeiden.
- Die „Käsekrainer Dogs“ im erhitzten Öl oder Fett 4–5 Minuten goldbraun frittieren.

„Bratwurst Dogs" im Kürbiskernteig
„Käsekrainer Dogs"

„WEISSWURST DOGS“
IM LAUGENTEIG

LAUGENTEIG

200 g Weizenmehl
50 g Roggenmehl
125 ml Wasser
5 g Trockenhefe
1 TL Salz
20 g zimmerwarme Butter

6 EL süßer Senf
12 Weißwürstchen
12 Holzspieße

1 EL Natron
300 ml Wasser

- Für den Laugenteig Mehl, Wasser, Hefe, Salz und Butter 5 Minuten kneten. An einem warmen Ort zugedeckt 45 Minuten gehen lassen.
- Teig nochmals gut durchkneten, in 12 gleich große Stücke teilen. Jedes Stück ca. 0,5 cm dick ausrollen, mit Senf bestreichen und die Würstchen damit einwickeln.
- Auf die Holzspieße stecken und auf ein Backblech mit Backpapier legen.
- Natron mit Wasser vermischen und den Teig mit einem Pinsel mit der Natronlauge bestreichen.
- Den Teig mit einem scharfen Messer ein paarmal schräg einschneiden. Im auf 180 °C vorgeheizten Backofen 25 Minuten backen.

KRAUTSALAT

320 g Weißkraut
80 g Karotten
5 EL Sonnenblumenöl
2 EL Essig
½ TL gemahlener Kümmel
Salz und Pfeffer

- Weißkraut und Karotten fein schneiden und mit den restlichen Zutaten vermischen (am besten gut mit den Händen durchkneten). Den Salat 30 Minuten ziehen lassen.

„Pizza Dogs"
aus dem Backofen
(Rezept siehe nächste Seite)
„Weißwurst Dogs"
im Laugenteig

„PIZZA DOGS“
AUS DEM BACKOFEN

PIZZATEIG
21 g frische Hefe
125 ml Wasser
250 g Mehl
10 g Salz • 1 EL Olivenöl
1 TL Oregano
1 EL geriebener Parmesan

8 EL Tomatensauce
32 Basilikumblätter
8 EL geriebener Parmesan

4 Frankfurter Würstchen
16 Mozzarellabällchen
8 Holzspieße
3 EL Tomatensauce

- Für den Pizzateig Hefe zerbröseln, mit 50 ml Wasser und 1 EL Mehl verrühren und 10 Minuten an einem warmen Ort stehen lassen.
- Mit den restlichen Zutaten gut verkneten, den Teig zugedeckt 30 Minuten gehen lassen.
- Frankfurter in 16 Stücke schneiden und abwechselnd mit den Mozzarellabällchen auf die Holzspieße stecken.
- Teig in 8 Stücke teilen und jedes Stück ca. 0,5 cm dick ausrollen, Teigfladen mit jeweils 1 EL Tomatensauce bestreichen, mit 4 Basilikumblättern belegen und mit 1 EL Parmesan bestreuen.
- Die Frankfurter-Mozzarella-Spieße darin einwickeln (Anleitungsfotos siehe S. 73). Auf ein mit Backpapier ausgelegtes Backblech geben, die Oberfläche der Dogs mit Tomatensauce bestreichen und im auf 200 °C vorgeheizten Backofen 15 Minuten backen.

AVOCADOSALAT
MIT KRÄUTERSEITLINGEN

150 g Kräuterseitlinge
1 Knoblauchzehe
20 ml Olivenöl
150 g Avocado
30 g getrocknete Tomaten
Salz und Pfeffer

- Kräuterseitlinge in Würfel schneiden, Knoblauch schälen, in Scheiben schneiden und mit den Kräuterseitlingen in erhitztem Olivenöl in einer Pfanne anbraten.
- Avocado schälen, entkernen und in Würfel schneiden. Getrocknete Tomaten ebenfalls in Würfel schneiden und beides kurz mitrösten. Mit Salz und Pfeffer abschmecken.

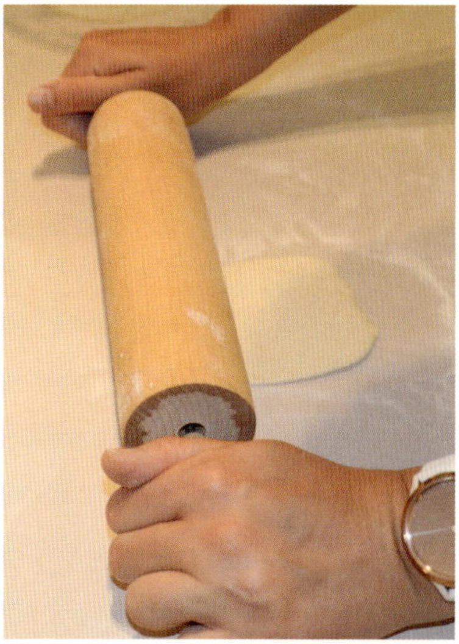

„KAISER DOGS“
IM SCHMARRENTEIG

SCHMARRENTEIG
2 Eier
100 g Weizenmehl
30 ml Obers
100 ml Milch
abgeriebene Bio-Zitronenschale
30 g Zucker
1 EL Vanillezucker
1 Prise Salz

2 Äpfel
16 Holzspieße
50 g gehackte Haselnüsse
Butterschmalz zum Frittieren

- Für den Teig die Eier trennen, das Mehl sieben und in einer Schüssel mit Obers, Milch, Eidottern, Zitronenschale, Zucker und Vanillezucker verrühren.
- Eiklar mit einer Prise Salz zu steifem Schnee schlagen, diesen unter die Mehlmasse unterheben.
- Den Schmarrenteig in ein hohes Gefäß füllen.
- Öl oder Fett auf 170 °C erhitzen. Die Äpfel schälen, jeweils in acht Spalten schneiden (Kerngehäuse entfernen) und die Apfelspalten aufspießen.
- Die Spieße in den Teig tauchen, herausziehen, leicht drehen, damit sich keine Teigtropfen bilden, und in den gehackten Haselnüssen wälzen.
- Im erhitzten Butterschmalz 3–4 Minuten goldbraun frittieren.

ZWETSCHKENRÖSTER

ZUTATEN FÜR 4 PORTIONEN
500 g Zwetschken
70 ml Wasser
70 g Zucker
2 Gewürznelken
1 kleines Stück Zimtrinde

- Die Zwetschken waschen, halbieren, entsteinen und auf Wunsch vierteln.
- Das Wasser mit dem Zucker, den Gewürznelken und der Zimtrinde aufkochen, die Zwetschken hineingeben und zugedeckt etwa 10 Minuten köcheln lassen.
- Die Zimtrinde und Gewürznelken entfernen und den Zwetschkenröster auskühlen lassen.

„Kaiser Dogs"
im Schmarrenteig

SCHOKOTROPFEN
IM WAFFELTEIG

Aus dem Corn Dog Maker

TEIG

4 Eier
120 g Zucker
330 g Weizenmehl
1 TL Backpulver
1 EL Vanillezucker
160 g zerlassene Butter
330 ml Milch
1 Prise Salz
50 g Schokotropfen

12 Holzspieße
etwas Öl zum Befetten

- Eier und Zucker mit dem Handmixer sehr cremig aufschlagen. Mehl und Backpulver in eine Schüssel sieben, mit den restlichen Zutaten vermischen.
- Eiermasse und Schokotropfen vorsichtig unterheben.
- Teig in einen Einweg-Dressiersack füllen. Den Corn Dog Maker erhitzen, die Vertiefungen mit einem Pinsel mit etwas Öl bestreichen.
- Die Spitze vom Dressiersack wegschneiden und den Teig in die Vertiefungen des Corn Dog Makers portionieren.
- Holzspieße in den Teig legen. Corn Dog Maker zumachen und den Teig 7–8 Minuten backen.

Tipp Anstatt der Schokotropfen kann auch in kleine Würfel geschnittener oder grob geraspelter Marzipan unter den Teig gemischt werden.

PHYSALIS AM SPIESS
IM WEISSWEINTEIG

Aus dem Corn Dog Maker

TEIG

3 Eier
80 g Zucker
100 g geschmolzene Butter
200 g Weizenmehl
50 g Dinkelmehl
1 TL Backpulver
250 ml Weißwein
1 Prise Salz

200 g Physalis
8 Holzspieße
etwas Öl

- Eier und Zucker mit einem Handmixer cremig aufschlagen. Die restlichen Zutaten vermischen und die Eiermasse vorsichtig unterheben. Teig in einen Einweg-Dressiersack füllen.
- Den Corn Dog Maker erhitzen, die Vertiefungen mit einem Pinsel mit etwas Öl bestreichen.
- Die Physalis aufspießen. Die Spitze vom Dressiersack wegschneiden und den Teig in die Vertiefungen des Corn Dog Makers portionieren.
- Die aufgespießten Physalis in den Teig legen und drehen, damit sie rundum mit Teig bedeckt sind. Den Corn Dog Maker zumachen und 7–8 Minuten backen.

Schokotropfen im Waffelteig
Physalis am Spieß im Weißweinteig

„OBST DOGS"
IM DINKELTEIG

TEIG

280 g Dinkelmehl
250 ml Milch
2 Eier • 100 g Zucker
50 g geriebene Walnüsse
1 TL Backpulver
1 Prise Salz

Obst nach Saison z. B. Zwetschken, Birnen, Trauben, Erdbeeren, Heidelbeeren, Physalis …
12 Holzspieße
Öl zum Frittieren

- Mehl, Milch und Eier gut verrühren, die restlichen Zutaten untermischen. Den Teig in ein hohes Gefäß füllen.
- Zwetschken entsteinen, Birnen schälen und in Spalten schneiden, die Trauben abzupfen, die Erdbeeren von den Stielansätzen befreien und große Exemplare in Spalten schneiden.
- Das Obst aufspießen, die Obstspieße langsam in den Teig tunken und unter leichtem Drehen wieder herausziehen, damit die Früchte rundum gut mit Teig bedeckt sind.
- Die „Obst Dogs" im erhitzten Fett 3–4 Minuten goldbraun frittieren.

„Obst Dogs"
im Dinkelteig

Aus unserem Programm

ISBN 978-3-7020-1928-0